AF224220

DISCOURS

PRONONCÉS

A L'OCCASION DE LA PLANTATION

ET DE LA BÉNÉDICTION

DE

L'ARBRE DE LA LIBERTÉ

A SAINTE-MARIE-AUX-MINES

Le 9 Avril 1848.

SAINTE-MARIE-AUX-MINES, IMPRIMERIE A. JARDEL.

1848

M. SCHOUBART, MAIRE.

Concitoyens, au nom de la République consacrons cet arbre, symbole de la liberté, de cette liberté pure et respectueuse des droits de tous.

Conservons toujours la mémoire du moment qui nous rassemble et n'oublions jamais l'esprit de paix et d'union qui anime et inspire les habitants de Sainte-Marie-aux-mines. — Vive la République.

M. GOGUEL,

pasteur de l'église Réformée.

Partout où il y a des cœurs qui se tournent vers toi, partout où l'on invoque ta sainte bénédiction, ô Dieu, c'est un temple qui t'est consacré. Et lors même que ce temple n'a pour couverture que la voûte des cieux, il ne t'en est pas moins agréable. Les cieux racontent la gloire du Très-Haut, et l'étendue donne à connaître les œuvres de tes mains.

Regarde donc d'un œil favorable tes enfants réunis en

ta sainte présence, qui te prient pour leur commune patrie, qui te demandent pour elle ta sainte bénédiction, hors de laquelle il n'y a ni gloire, ni bonheur.

Oui, bénis la France Seigneur, la France que tu as déjà enrichie de tant de tes dons, la France que nous aimons tant, et à laquelle nous te remercions d'appartenir. Sois avec tous ses enfants, afin que sous ton regard divin nos libertés croissent et s'affermissent dans la paix et dans l'amour fraternel.

Sois avec notre peuple Seigneur, lorsqu'il choisira ses représentants, afin que recevant de lui la sainte mission, de lui donner des lois, ils s'en acquittent avec dévouement et fidélité pour le bonheur de tous, de tous sans aucune exception.

Conserve, bénis et protège la République et son gouvernement. Accorde lui l'esprit de fermeté et de règle qui fonde les institutions, l'esprit de justice et d'amour fraternel qui les consolide et les fait servir au bien de tous. Amen.

O vous qu'au nom de notre céleste et de notre terrestre patrie, nous appelons citoyens et frères, vous venez de planter un arbre, et cet arbre doit s'appeler du beau nom de la liberté.

Oui l'arbre est une belle image de la liberté. Il est mis dans la terre, ses racines poussent, s'étendent, prennent une force puissante, et alors il peut supporter les coups de la tempête et n'est point déraciné par le souffle de l'aquilon. Mais il faut aussi que les pluies du ciel l'arro-

sent et que le soleil répande sur lui sa chaleur fructifi-
ante, afin qu'il se couvre d'un feuillage verdoyant et que
les générations qui se succèdent puissent venir s'abriter
sous son ombre.

De même il faut que la liberté, arbre vigoureux et
fort, déposé au milieu de la patrie dont elle doit faire
la gloire et le bonheur, il faut que la liberté s'enracine
dans les cœurs des citoyens, qu'elle pénètre nos lois,
nos mœurs, nos habitudes ; que de ses racines puissan-
tes elle embrasse tout, portant partout ses préoccupations, ses désirs, ses exigences et sa force. Et en même
temps il faut aussi qu'elle soit réchauffée, fécondée, par
la bénédiction d'en haut, qu'elle grandisse et atteigne
la plénitude de son développement par le secours de celui qui seul peut donner aux grandes pensées l'immen-
sité d'un avenir qui ne dépend que de lui.

Qui ne verrait le doigt de Dieu dans les grands événements qui maintenant remplissent nos pensées, dans
ces événements déjà si féconds et encore si rapprochés
de nous. Un pouvoir qui croyait trouver sa force en s'ap-
puyant sur toutes les influences, sur tous les secours hu-
mains, un immense pouvoir s'en est allé, comme em-
porté par un souffle irrésistible.

Le faible a pris la place du fort, et le pouvoir naissant bientôt de cet immense ébranlement a pu écrire sur
ses bannières, tout par le peuple, tout pour le peuple.
Et le peuple, c'est dorénavant tout le monde.

Il n'y a plus de faibles et de forts, de protecteurs et de
protégés ; tous sans distinction de culte, de position,
d'occupations extérieures, tous doivent être renfermés

dans le beau nom de citoyens, sans autre distinction que leur vertu, leur abnégation à l'égard d'eux mêmes, leur dévouement pour le bien de tous. Ce qu'il faut à notre patrie bien aimée, à notre belle France, c'est autant de citoyens que d'habitants, c'est l'amour de tous, les efforts de tous, le bonheur de tous.

Un horizon immense s'ouvre devant nous, immense par ses espérances comme par ses devoirs. C'est un avenir tout entier à féconder par les efforts et par le dévouement de tous les citoyens.

Il y a beaucoup à faire pour revivifier toutes nos lois comme toutes nos habitudes par le grand principe de la liberté, pour le faire circuler à travers toutes les veines de la nation, avec le respect de tout ce qui est bien, juste et bon ; beaucoup à faire pour que la liberté embrasse tout, sauvegarde tout, protège tout, pour qu'elle conserve à chacun ce qu'il a légitimement acquis, et qu'elle fournisse à tous les moyens d'acquérir, de posséder, ce qu'il est juste que tous obtiennent pour leur bien véritable.

Il y a beaucoup à faire, mais le secours de Dieu est tout puissant et c'est une sainte devise que celle qu'a choisie notre récente liberté, une noble devise dont la réalisation doit devenir le but des efforts de nous tous : Liberté, Égalité, Fraternité.

O c'est une douce chose que la liberté ! Heureux qui peut en jouir, réchauffant son âme à ses rayons sacrés, se sentant vivifié par sa puissante influence. Heureuses les générations dont elle est le partage : gloire à ceux qui l'ayant acquise sous les regards du Seigneur, trouveront en lui la force de la conserver, puissante et pure. Mais la liberté c'est le dévouemont, non moins que la jouissance, c'est le devoir non moins que le droit. Hommes mes frères, grandissons dans la liberté par la pratique des vertus de l'homme libre. Que les grandes idées, qué le désir de tout ce qui est bien, vienne émouvoir nos âmes trop longtems énervées, affaiblies par les seules préoccupations matérielles.

Mais il ne peut y avoir de liberté réelle que dans l'égalité, dans la fraternité. Devant Dieu il n'y a point d'acception de personnes, il ne doit donc point y en avoir dans la loi, représentant de la justice de Dieu sur la terre. Qu'il n'y en ait point non plus dans le cœur des citoyens; que l'égalité les rapproche, que la fraternité les réunisse en un faisceau. Ce n'est que l'union qui fait la force. Il n'y a de puissance réelle, que celle qui repose sur la coopération, l'amour de tous.

Unissons-nous donc dans un commun amour de notre patrie; la grande voix de la France qui nous convie à la fraternité, n'est-elle pas renforcée, dominée par la voix de notre Dieu Sauveur qui nous dit si haut : Comme je vous ai aimés, aimez vous les uns les autres.

Liberté, Égalité, Fraternité; que ce soit notre vœu et notre dévise, que ce soit non point seulement un nom, mais une réalité. Pour cela qu'elles vivent dans nos cœurs, dans notre volonté, qu'elles vivent par nos vertus civiques, par celles de tous les citoyens : C'est là le véritable, mais aussi le seul moyen pour qu'elles soient permanentes au milieu de nous et pour le bonheur de nous tous.

M. CASPARI,

pasteur de l'église de la Confession d'Augsbourg.

Bürger!

Einen Freyheits-Baum haben wir gepflanzt.

Ist es die rechte Zeit zu solchem Thun?

Bürger! mit der Zeit läßt sich nicht scherzen! — Zu früh? Zu spät? — Beides wäre ein Verderben!

Ist's zu früh?

Ihr habt wohl da und dort schon sagen hören : « Die Freyheit « kommt zu früh; das Volk ist noch nicht fähig sie zu tragen : die einen « werden sie nicht zu schätzen wissen, die andern aus Unverstand damit « Mißbrauch treiben in zügelloser Willkür. Man muß zuerst das Volk « für die Freyheit bilden und erziehen, daß es sie zu gebrauchen wisse.»

Ich aber meine, wenn ein Volk den Muth hat, seine Ketten zu brechen, und die Freyheit mit schweren Opfern zu erkämpfen — ich meine, wenn das Wort « Freyheit » wie ein elektrischer Funken alle Völker unsers Welttheils durchzuckt, und von Westen bis Osten, von Süden bis zum Norden die Fahne der Freyheit unter Jubel sich auf= pflanzt — ich meine, wenn das Wort « Freyheit » einen Thron nach dem andern zertrümmert; wenn dieß Wort die Scheidewand zwischen den Nationen niederreißt, daß sie über die Gränzen die Bruderhand sich reichen — Ich meine wenn dieß Wort unter den Bürgern die Bru= derliebe aufpflanzt — oh denn ist's nicht zu früh, sondern die rechte Zeit! Saget nicht, das Volk muß zuerst erzogen werden für die Frey= heit, ehe man sie ihm giebt. Nicht unter dem Druck der Knechtschaft, sondern im freyen Lande lernt man frey seyn!

Ist's zu spät? Man kann ja auch zu spät kommen mit der Freyheit!

da wo der Eigennutz des Volkes Leben ganz vergiftet hat, kommt sie zu spät. In wie manches Ohr gekrönter Häupter ist seit sieben Wochen das furchtbare Wort gedrungen: Es ist zu spät! — Wir aber kommen mit unserer Freyheit nicht zu spät. Ist's nicht die rechte Zeit, den Baum zu pflanzen, wenn des Winters Eis vergangen ist, und des Frühlings Lebensothem Kraft, Saft und Leben in seine Zweige zu treiben bereit ist? Sehet so ists auch bey uns: des theuern Vaterlandes Boden ist bereit die Freyheit zu empfangen zu kräftigem Gedeihen!

Was ist aber das für eine Freyheit, der zu Ehren wir diesen Baum gepflanzt?

Unsere Freyheit ist nicht ein Scheinbild, das blos den Namen trägt, und die Sache selbst nicht will. Nein, wir wollen nicht eine Republick worin das alte Wesen, die alten Vorrechte, die alten Unterschiede, Trennungen und Lasten fortwuchern. Sondern wir wollen eine Republick gründen, die wirklich Republick, das heißt die Sache aller ist, in der das Wort « Gleichheit » eine Bedeutung hat, wo Freyheit wirklich Freyheit ist.

Unsere Freyheit ist nicht ein Deckmantel der Bosheit, wo jeder thut, wie ihm gut dünkt, sondern wo neben jedem errungenen Rechte eine heilige Pflicht, nebem der Freyheit auch Ordnung, neben der Gleichheit auch wahre christliche Bruderliebe blüht.

Unsere Freyheit ist nicht ein Trugbild, das für einige Zeit Bestand hat, bald aber zu Mißbräuchen und Extremen getrieben, sich verhaßt macht, um dann wieder zu schwinden, und irgend einem neuen Herrscherthron zum Fußschämel zu dienen. Nein, unsre Freyheit soll tief und fest wurzeln und naturgemäß sich entwickeln, wie dieser Baum.

Unsere Freyheit soll jedermann, auch den Niedrigsten zum Vollgenuß seiner Menschen= und Bürgerrechte bringen; soll jedermann für seine Kräfte und Fähigkeiten, für seine Thätigkeit und seinen Fleiß eine breite Bahn öffnen! soll jedem Kinde des Volks, ohne Unterschied des Standes und des Vermögens, die Bildung und den Unterricht zu

Theil werden laſſen, deſſen es fähig iſt; ſie ſoll Raum ſchaffen für alle Kräfte die Gott ſo reichlich in des Menſchen Seele gepflanzt — und deren, ach, durch der Menſchen Schuld, ſo viele elend verloren gehn! Unſere Freyheit ſoll Gleichheit bringen die aus der Bruderliebe hervorwächſt.

Dieſer Freyheit zum Gedächtniß und Sinnbild haben wir dieſen Baum gepflanzt.

Wir pflanzen und begießen; Gott aber muß das Gedeihen geben.

Bittet Ihn, dieſen Herrn, unſern Gott, daß er dieſe ſeine Himmelsgabe, des Landes Freyheit, gedeihen laße; daß er den Sinn, daß wir alle gleich, ſeine Kinder, und unter einander Brüder ſind, in uns erhalte und belebe; daß wir und unſer ganzes Land ſtets die Eintracht zeigen, welche jetzt uns ſo freundlich und feſtlich hier zuſammen bringt; bittet Ihn daß Er ferne halte alle engherzige Furcht, allen Mißbrauch ſeiner Gabe, innere Zwietracht und äußeren Feind, daß Friede und Ordnung und Bürgerwohl freudlich wachſen unter ſeiner gnädigen Führung!

Du aber, Freiheitsbaum, wachſe freudig und kühn empor, wurzle feſt und tief, wie unſere Freyheit; ſey uns ſtets ein Zeichen der Eintracht und der Liebe, und den kommenden Geſchlechtern verkündige, welche große Dinge an uns der Herr gethan hat, in dieſen Tagen.

Es lebe die Freyheit!

Es lebe die Republik!

⸻⸺ ❧ ⸻⸺

M. BADER,

curé de la paroisse de la Madelaine.

Messieurs,

La cérémonie qui nous réunit ici nous procure l'occasion de saluer publiquement et solennellement l'aurore de l'ère nouvelle, de l'ère de liberté que Dieu vient d'ouvrir à la France par le ministère de l'héroïque peuple de Paris. Et si j'attribue à Dieu le résultat d'une révolution dont les annales du monde entier n'offrent point d'exemple, je ne pense pas du tout m'éloigner de votre propre conviction, ni m'écarter du devoir que je me suis imposé en cette solennité. Pourquoi, en effet, ce mélange de cérémonie religieuse avec le caractère politique que nous voulons tous donner à cette fête, si ce n'est que vous voyez et que la France entière voit le doigt de Dieu dans les grands et admirables événements de Février?

Il y a 18 ans que la France s'était donnée une dynastie neuvelle, une monarchie constitutionnelle que l'on croyait forte, et qui se croyait elle-même solide parcequ'elle était l'œuvre du peuple; et pour la faire crouler, pour la renverser cette royauté du choix du peuple et lui substituer des institutions républicaines auxquelles ne croyaient pas même arriver les chefs de l'opposition, selon le témoignage de MM. Thiers et Odilon-Barrot, il n'a fallu que deux fois vingt-quatre heures. Ne serait-il donc pas aveugle celui qui refuserait de voir la main de Dieu dans un coup de cette force?

Quand l'autorité de cette ville, à l'imitation de ce qui s'est fait dans la capitale et dans grand nombre de cités importantes de notre patrie, nous a appelés à donner une bénédiction solennelle à cet arbre, symbole de la liberté, nous nous sommes vivement empressés de répondre à cet appel, et de prêter notre saint ministère à une cérémonie dans laquelle nous voyons avec bonheur l'union, la bonne intelligence, la parfaite harmonie entre l'autorité civile et religieuse ; nous nous sommes empressés de nous trouver à ce rendez-vous parce qu'il nous fournit, à nous aussi, l'occasion de vous faire entendre notre cri de vive la liberté ! Et quand vous entendez ce cri sortir de la poitrine du prêtre, et quand vous voyez les ministres de nos SS. Autels s'associer à vous pour célébrer le triomphe de la liberté, nous ne reconnaissons à personne le droit de contester la sincérité de leurs sentiments. Quand la liberté est solennellement proclamée du haut du Vatican il est bien permis aux pontifes et aux prêtres, au clergé et à tous les fidèles, de réclamer et de chanter la liberté.

L'arbre que nous sommes appelés à bénir, et que le peuple français a choisi pour la célébration du triomphe de la liberté, offre quelque chose de bien symbolique avec la foi chrétienne. Si c'est de l'arbre que découlent toutes les misères humaines depuis la chute de notre premier père, c'est aussi l'arbre qui est la source de toutes les grâces, puisque c'est sur l'arbre, mais sur l'arbre de la croix, que nous avons tous été rachetés au prix du sang de Jésus-Christ, et que, par le mystère de la Rédemption, nous avons été affranchis de l'esclavage du péché, et rendus à la vraie liberté des enfants de Dieu. Il est donc juste que le monde politique, d'accord avec le christianisme, choisisse aussi l'arbre pour célébrer le règne de la liberté.

Ensuite vous avez tous remarqué, Messieurs, que la sainte devise du nouvel oriflamme de la République française : *Liberté, Égalité, Fraternité*, a été chrétienne avant d'avoir été politique, et qu'elle émane de l'Évangile, de cet admirable code du chrétien. La première partie de cette devise qui est la *Liberté* comprend plusieurs branches : La liberté individuelle : la liberté de la presse : la liberté de l'éducation et de l'enseignement : la liberté des élections : la liberté des transactions : la liberté de la propriété : la liberté d'association : la liberté de la famille : et la liberté des croyances religieuses. Je passe sous silence toutes les autres pour ne m'attacher qu'à cette dernière. C'est ici peut-être, plus que sur aucun autre point que la République s'écartera, espérons-le, de la voie que les gouvernements monarchiques ont suivie. Ce que les croyances religieuses, et toutes les croyances religieuses, protestantes comme catholiques, demandent aujourd'hui, ce qu'elles demandent unanimement, et impérieusement, c'est la liberté. Nul pouvoir n'a encore compris cette liberté ; tous ont voulu s'emparer de l'esprit religieux, en faire un instrument de leurs desseins, un appui à leur politique ; ils en ont eu peur, ou ils ont voulu s'en servir, mais ils ont toujours taché de le confisquer. Quand ils ont établi une religion privilégiée, ç'a été dans l'espérance d'être les maîtres de cette religion, et par elle, de dominer les peuples. Quand ils ont admis l'égalité des cultes, ils ont admis *l'égalité dans la dépendance;* ils ont tous entouré les cultes de mesures de restrictions, de surveillances ; ils n'ont jamais laissé à elle-même la conscience des hommes. Espérons que sous le règne de la République la conscience humaine reprendra sa souveraineté dans l'ordre religieux, comme la volonté humaine reprend sa souveraineté dans l'ordre politique : et que les croyances religieuses auront désormais pour sauvegarde la liberté.

La deuxième partie de la devise républicaine c'est l'*Égalité*. Ah ! Messieurs, ce que la religion nous prêche depuis des siècles, la République naissante vient le répéter et l'écrire sur son drapeau. Et si nous n'avions pas la parole de Dieu, l'expérience de tous les jours nous dirait assez haut : *qu'aucun de nous n'a rien apporté en naissant, et qu'il est hors de doute qu'aucun n'emportera rien en descendant dans la tombe.* En entrant dans le monde l'égalité se trouve sur notre passage comme elle s'y trouve quand nous quittons cette terre. Serait-ce donc la peine de nous prévaloir de titres de distinctions durant ces quelques années de vie ? Qu'il n'y ait donc plus de barrière, plus de séparation parmi les Français. Egaux devant la loi, n'oublions pas que nous sommes tous égaux devant Dieu, qui n'admet point d'acception de personnes, et que la vertu seule donne à ses enfants le droit d'être les premiers : Qu'il en soit de même parmi nous sous le rapport politique ; que tous nos titres de distinctions se bornent à la vertu : nous entrerons parfaitement dans l'esprit de la République, comme dans l'esprit du Christianisme, en rivalisant de zèle et de scrupuleuse fidélité à remplir nos devoirs envers Dieu, envers la patrie, envers le prochain et envers nous même.

Enfin, *Fraternité*, c'est le complément de la devise comme elle est le complément de notre foi. Fraternité, mot sublime, fondement de la charité. Du haut de l'arbre de la croix, dont l'arbre de la liberté est le symbole, est descendue cette doctrine qui nous apprend que nous sommes tous frères. Enfans de la même patrie et surtout habitans de la même cité, aimons-nous comme membres de la même famille. Si nous ne sommes pas tous unis par la même foi , soyons-le par la même fraternité, et que la différence religieuse ne nous empêche pas de nous aimer tous, sans exception aucune, comme enfans d'un même père qui est dans les cieux, comme ouvrages d'un même créateur.

Mais , qu'ai-je besoin de vous faire de telles recommandations? Puis-je ignorer qu'à toutes les époques, mêmes difficiles , les paisibles habitans de Sainte-Marie-aux-mines ont toujours fait preuve du meilleur esprit de charité , de fraternité , et que jamais on n'a eu à déplorer parmi nous un seul fait opposé à la bonne harmonie qui forme le bonheur de la société. C'est un hommage solennel qui est dû et que je me plais à rendre au talent et à la sagesse de nos dignes magistrats ainsi qu'au bon esprit de notre population entière.

Vive la République !

Vive la Liberté ! vive l'Égalité ! vive la Fraternité !!!

www.ingramcontent.com/pod-product-compliance
Lightning Source LLC
Chambersburg PA
CBHW061637050726
47595CB00007B/3232